覺

觀世音・時空越

出版緣起

在佛經中記載著，在地球剛形成時，光音天的天神，被美麗的地球所吸引，從天上來到地球，也就是人類的祖先。彩虹不但是世界共同的吉祥象徵，在佛法中成證虹光身，更是殊勝的成就。

虹彩光音系列，結集了地球禪者洪啓嵩禪師所修造的法要偈頌、詩詞，傳承古代大成就者「道歌」的傳統，將修法心要，總攝於短短的詩篇中。是修行者的無上寶藏，更是現代人智慧的心靈活泉。

在這個輕、薄、短、小的時代，虹彩光音系列，以別出心裁的版型和視覺設計，希望為繁忙、緊張的現代人，在紛擾的塵世中，打造隨身的心靈淨土，在短暫、瑣碎的時光中，都能創造生命最大的價值。

祝福您時時安住在如虹彩般美麗的清淨自性，成證虹光身，圓滿成佛！

序

觀世音菩薩，我們心中最深邃、最偉大的慈悲，在善緣具足的時候，將從我們的心中活出，每一個人都將成為能觀自在的觀世音。

在大乘佛教中，觀世音是諸佛的大悲顯現，能拔除所有生命苦難的偉大菩薩。他聞聲救苦，不稍停息，是民間最廣為人知，也是最受歡迎的菩薩：他代表著諸佛的大悲菩提心，永遠以慈目觀照，守護一切眾生。

由於觀音信仰的深入民間，京劇國寶魏海敏老師，希望我能將觀世音法門編成京劇的詞，用來傳唱佛劇。我欣然同意，因此開始構思這首觀世音的心詩，因而有了《觀世音・時空越》一書的誕生。

本書包含十一首心詩，亦可視為十一幕的佛劇，以觀世音菩薩第一人稱娓娓道來，由第一幕「法界生」、「極樂界」到第三幕「時空旅」，我們將乘著觀世音菩薩的大悲心，放下對於時間、空間、心意識的成見，看見法界、極樂世界、地球的生成，不可思議的宇宙風貌，無限映攝圓融的宇宙相應，此起彼落、交互生起、莊嚴閃耀，在空性中萬法得成，道盡緣起性空的核心見地，生老病死、成住壞空更是一場遊戲夢境，如同這十一首心詩的緣起又何嘗不是戲呢！

「靈山上」，觀世音因著大悲心從他的淨土來到娑婆地球誓願度眾生；「觀世音」中演示觀世音如何聽聞眾生的音、圓眾生的願，而眾生又該如何憶念、明見觀世音的心，除了觀空，心中沒有執著、契於空性之外，在空性的基礎中沒有主體、客體，沒有祈求的眾生也沒有救度的觀世音，故說在無念的當下，你我都是觀世音。

「施無畏」、「大悲勇士」說明一切苦痛惡障皆自眾生心中悄悄生出，被自心所害，因執著所有苦境而無法自拔，然這種種具像的災厄與它的緣起一樣具足空性，如水中月、鏡中影，當眾生放下執念，深心憶念觀世音，一而再再而三地回到清淨本心、安住於空性中，才是真正消除恐懼與災難的開始。

那麼觀世音菩薩為何要幻化出千手千眼呢？在眾生尚未遠離「自我」的觀點，走向究竟之前，觀世音的每一隻眼、每一隻手、每一隻腳都為著眾生奔走，這是觀世音菩薩最深、最淨的願，以淡定的大智、清澄的大悲長養眾生的覺心，直到眾生也成了觀自在。此處更隱含著「千手觀」中的密意——我們也是觀世音，才能得到觀世音的「救度」。

於是我們轉身就位，以佛法為師，以定力融攝悲智，如「應身明」、「幻化舞」中觀世音菩薩應著衆生的感應與祈求，自在化現萬千姿態與相貌身份，尋聲救苦隨緣顯現，只願衆生同成佛，這份蒼宇明志，既是觀世音菩薩的誓願，亦是我們的誓願，所以「如來授我大悲如幻三摩地，一切現成」。

最後一幕的「念佛心」，當我們愈具足空性與悲心，則與佛愈相應，直到我們以觀世音菩薩的心念觀世音菩薩，彷佛明鏡相照相耀，如摩尼寶珠相攝相悟，所以「心念佛時，心已成了三十二相八十種好的如來」，我們與觀世音菩薩無二無別，憶起諸佛菩薩累劫以來的恆常憶念、加持守護，感動無法言喻，故詩末再一次頂禮，再一次繫心誦念觀世音菩薩的聖號、稽首十方三世一切佛。

有緣的心友們，觀世音菩薩總說「殷懃常念我」、「如我念佛」，這是觀世音菩薩對衆生最殷重、最懇切的呼喚——憶念佛吧！發菩提心吧！因為佛憶念衆生，總是比衆生念佛的多太多了！本書既是觀世音菩薩的大悲心詩，亦是衆生成道的心詩，因為「你我都是觀世音」。

願讀者在這十一首心詩中，感受時空如幻宛然、自在穿越，詩中並演繹了「念佛三昧」、「金剛三昧」、「音聲法門」等修持法門，是修持觀音法門的心要，亦可視為觀音法門的總持，願觀音的大悲妙行如空箭射穿心虎、降伏意龍、開悟你心。祈願我們在大悲觀世音菩薩的心中，誦出觀自在的心，讓我們每個人都能成為觀世音菩薩，活在清淨的世界，永遠幸福喜樂！

目錄

壹、法界生

仰　星空天際　向　看來處
是現在　是過去　是未來　是當下
乘著大悲的心　法界雲遊
到了娑婆地球
揭開一場宇宙的穿越大劇
看星明成瀑　玉浪騰悅　相會成霄漢

用星斗舀光　宇宙芳寒
從銀河流下靈光
淡淡的　默默的　微微的淨水
竟流出了我吉祥的眼心

拈一粒沙　點成了星
拈恆河般的沙　天河成
沙映成晶　海中星清

深心相會　漢洋燦明

袖雲捲起千個太陽
巧粧成一片蓮瓣
種在八功德水裏
長出千葉的淨蓮波湧

用千朵清淨的蓮華雲星

莊嚴成三千大千世界
做佛的家園　成了佛土
細巧地將百個佛土匯成絹流
漫出了霄漢
這億萬千條銀河　掛在天際
恰恰正安在我的心底
化出一個一個小小的星海宇宙
演那重力因緣波濤成

依假名幻世　宇宙本來空
從劫後劫初　到劫前時空越過
那無量的宇宙啊　十方三世
正同時炳現
就這樣子道盡了緣起世間
法界於是現前　一片現成

星弦落英演音

天澗流晶銜玉鳴
法界清唱心聲

我是觀世音
不是過去　不是現在　不是未來
我是觀世音
不在東　不在西　不在南　不在北
不在上　不在下　不在中間

不在此處亦不在彼處
在空更不在空
生住異滅　一場劇
成住壞空　一場夢
生老病死　只是一場不生不滅的遊戲
以有空義故　萬法方得能成
若無空義

如何有了你、我、他、法界、宇宙
於是我就是觀世音
就這麼在無量的世界遊
在重重的宇宙大海中　如來如去
輕彈萬月　盡鳴宇宙合聲
春光秋色同應和　我心獨唱觀自在
法界齊奏　太古遺音
引清風歌上心月

唱出朝陽昇明
身遍十方　不動的道場
餘音繞法界　宛轉入深定

於是回眸　我的家鄉
從此西去十萬億佛土
在這娑婆世界太陽的西方
極樂世界是最吉祥安居處

願你們常來　常往

貳、極樂界

無有眾苦　但受諸樂
這是阿彌陀佛的極樂國
淨心處　安在最深淨的大海窮底
億萬光年里程　宇宙風吟
向上望　如千百億個太陽透藍海相看
無量光雪飄下宇海　星燦鋪落銀流

就這樣成了極樂世界的大地

幻然明現　琉璃成淨
冰澈澄清　光雨虹舞
七寶池上八功德水
金沙布地明空照　星點映波金
光明作水　塵星玉滴繁灑　逐海成晶流
吹幻銀盤漩法界　霓霞巧搭成橋

用月光　鋪玉階　拈日作燈晶
布虹霓織出千百億樓閣
金剛光鍊築欄楯
無盡莊嚴極樂界
安立在我師阿彌陀佛　四八大願
香光音淨心

白鶴善演佛音　孔雀銜明

彩虹展羽屏　幻人歌法界　細合光音
鸚鵡迴向淨心曲　敲玉星磬
絲竹如來和　舍利清唱應霞音
迦陵頻伽共命鳥鳴淨
天樂圓空韻　淨演暢曲雅　飛音叩翠雲
心心相唱入三昧　念佛　念法　念僧
香霓舞靈　焰雲銷空玉波湧
珠露麗曲　用秋月琴彈

聲飄法界　眾生同寂淨
舞虹清聖
如我念佛
一心合十
阿彌陀佛
佛常念我永續如如心

參、時空旅

從銀河到銀河
空箭射穿宇宙
一念億萬年　已歷多少劫波
無盡星海　如念而去
千萬劫　只看一心

永遠無盡的時空旅程
在無念當中彈指而逝
暗物演微頻　顯宇宙本初
無始法界從緣起
相注夢中夢

當時間停止　時何在
當空間失去蹤影　大小何處

向東、向西、向南、向北
向上、向下、向中、向空、向大空
劫波一瞬　剎那印成百億光年
空亦空成
於是把十萬億佛土　拈成了心光
在無時空中遊歷

銀浪湧天渠　光明演津波
身在高明　不敢翻身怕北辰破
語輕如風微　恐驚法界心

肆、靈山上

在宇宙大海中擺渡
回到觀自在心的原初
於是當下來到了娑婆地球
所有的時空　成了我心的維度
如是身遍十方十世
在不動的道場

在沒有時間　沒有空間中遊
當下到了靈鷲山上
於是時間停止了　你的心在何處
就這樣如實的觀看
回首望億萬星河　蓮華藏海
從此西去十萬億佛土
我的家邦

捲起靈山上的雲　鋪成了七彩的錦
我拈起太陽的光
織成了千葉的寶華蓮座
敷坐在上　念清明　法界入娑婆
光喜常雨淨甘露　大悲無害生慈心
灑淨瓶一滴　普教大地成清涼
靈山清聖　絲竹演妙光

誰和晨曦　珠玉同唱
舞虹敲清磬　法界奏覺音
合掌深念　用最淨的本心
唱出我觀自在的妙音

伍、觀世音

山吹曲妙松風吟
雅韻北斗洩清聲
億萬晚鐘　敲成一片靜
空平心鏡　鑑照了無痕
但願眾生得離苦　圓滿到成佛
心心寂定　常念

觀世音

你問我　爲何我名爲觀世音
我是你心中的能觀自在
最深的慈悲、安寧
莫若當下迴觀　問你自心
我是觀世音
從來不曾執著我爲觀音

在無我中觀照著你　觀照著我
這觀照當下　三輪體空了

於是沒有你　沒有我　也沒有觀照
就成了觀世音
在萬象寂然無別中
照見五蘊皆空　度一切苦厄
觀照音　觀照聲　觀照眾生無相

一切都得到了解脱
那無盡無量的誓願
觀世音的心
只有畢竟空中才能明見
大悲方能了悟
我聽見你的聲
我聽聞你的音

我聽覺你的心
我聽悟你的夢
我聽入你的願

只有空啊　才能聽見你眞正的心聲
我聞了你的聲
我應了你的音
我安了你的心

我到了你的夢
我圓了你的願景

空不是有　也不是無　空只是實眞
演出無盡的宇宙戲夢
清唱光明覺性藏　吟吉祥梵音
光階輕敲聲月　淨玉星鳴空　甚深寂靜
我那胸中誓願深如海

竟將眾生同成了佛
這無念當下　我是觀世音
你也是觀世音
你我都是觀世音
於是大家都成了觀音

陸、施無畏

一心稱念我的名號吧
觀世音將成爲你眞實的心
當我觀照著你的音聲
你將圓滿的解脫
我是法界的倒映
宇宙是我心的投影

大悲的觀音妙行
在如幻時空中
如空谷迴音
善巧回應所有的因緣
回觀自心
我是你慈悲的心聲
弘誓廣深如大海　歷了多少的時劫

慇懃常念我
現身得離一切苦惱
一切障難　一切怖畏
貪瞋癡的三毒罪業　將得洗淨
得至不退轉境
我心如鏡　澈照了法界
如光華舞
一身普現十方佛土

一切有爲法　如夢幻泡影
如露亦如電　應做如是觀
在無量佛所　發了廣大清淨的願　甚深

我的心與你的念　如明鏡相照
你鏡中有我　我鏡中有你
最空的當下
滅除了一切苦厄

火坑已化爲清淨的智水
在惡浪大海中自在地出離
從須彌山上聖母峯頂墮下
亦宛如日輪安住虛空
惡人追擊、怨賊執刀加害
如化、如響、如焰、如水中月
是鏡幻中的虛影

憶念我觀世音的名號吧
觀音力將轉那惡念成慈心
在苦獄、受惡刑　讓我守護你的心
讓你安度一切苦厄　幸福康寧
羅剎、惡鬼、毒龍、猛獸
我來安撫　讓牠們安心
成爲吉祥的守護

大雨、風暴、驚雷、地震
從地、水、火、風、空及心識中
所幻化出的恐怖障難
以我觀音力　讓所有災厄成爲慶喜
妙音如虹
大地盛開歡喜的蓮華、牡丹
天華雨灑浴身淨
如同彩雲、善友

帶來瑞遇
是你的夢　我的行
圓滿你所有的夢願　是我的妙行

所有的執念放下吧
清風和煦　淨月明心
如實念我觀世音

讓我的心力安住宇宙、大地、人心
一切回到本初的和平
眾生被困厄　無量苦逼身
觀音妙智力　能救世間苦
具足神通力　廣修智方便
十方諸國土　無剎不現身

柒、大悲勇士

宇宙風波惡　多少難劫已過
無念善成般若
形色依心造
你的心成了最善巧的畫師
繪出種種驚怖
惡鬼、夜叉隨著你的心悄悄的生出

恐懼來自自心　自畫自驚怖
那麼精巧的妄念
竟繪出六道中所有的痛苦
地獄、餓鬼、畜生的一切災難
生、老、病、死催逼苦惱
自己被自心所畫的惡形聲色所害
迷妄無覺　自作自受　如蠶絲自縛
執著所有的苦　將幻誤眞

墮入六道輪迴　那麼癡心妄想
永不願離

憶念我觀世音吧！
我誓將一切的迷幻苦厄　漸令除滅
化作吉祥清靈
用最眞實的心　無比清淨的意
用廣大的智慧　大慈大悲觀照

徹見究竟的深心　清靜　清靜　清淨
無垢的光明　如同慧日般照破所有闇黑
降伏一切的災障　普照世間覺生

清景爲心有　五色蓮心間清開
一笑付天河光華星浪
達心見空澄　法界喜遊

讓我消除一切地、水、火、風、空、識

的災難

用慈意興起淨妙大雲

降下如同甘露的法雨

法界降意龍　空山射心虎

滅除你心中一切煩惱的火焰

恐怖惡境的怨敵

在觀音的大悲力中

惡障如霜雪消融於日　終歸吉平

雙手合十　所有智慧的善友
跟我念誦吧
妙音觀世音　梵音海潮音
勝彼世間音　是故須常念
念念勿生疑　觀世音淨聖
於苦惱死厄　能爲作依怙

具一切功德　慈眼視眾生
福聚海無量　是故應頂禮

清風帶寬心寧　空釣白雲喜
無事正好　合掌常念觀世音

捌、千手觀

爲什麼我有一千隻手
我用第一隻手　加持你的頂
我用第一千隻手　安撫你的心
用一千隻手牽著你　護著你
到成佛

爲什麼我有一千隻眼
我用一千種眼神　看著你的心
淡定清澄
每一眼都帶著最深的願
開示悟入　長養你的心
再用一千種眞心　看著你的眼睛
覺透明眞
直到你們成佛了

爲什麼我有一千隻腳
每一隻腳都將是你的支柱
助你奮力開拓覺的人生
健康　幸福　快樂　慈悲
高高興興地學著佛　快快樂樂地成了佛
我奔走在無盡的時空路途
用一千隻腳　磨穿了法界、宇宙、地心

爲你磨心
當你成了觀自在
我們都成了觀自在
你就知曉　你也是觀世音

玖、應身明

小舟行月　法界自常春
但看萬劫風塵　點沙成星明
用心在闇物質中　彈奏幻化弦波
疊出了多重宇宙
是空　非有　非無　非關有無
是不真的空　如實如幻的動

星瀑天水　烹茶飲清寧
江空明秋月　億萬經卷藏心
一種平懷　念蒼生　憫有情
三界遊來
願如香花馨天地
氣正浩然
我是你清淨大悲的心影

蒼宇明志　法界誓深
在觀世音佛前　我發起了無上菩提心
彼佛教我　從聞思修中入了甚深三摩地
我全然放下　初心專念
聽聞了一切的聲音
剎那際法流音靜　敲破聲塵
在法性流中　亡失了所聞音聲的差別
聞聲法流同注寂滅消融　一時平明

白雲松聲展袖風清
琴鳴迴音碧山空磬
萬柏雲任長
動靜二相　了然不生
如是增聞法界一切音聲
聽的我　聞的音
了然盡處　寂寂明淨

聞音窮盡無執住
能覺　所覺　念全空
空了覺知時　極圓滿處　境界無生
能空、所空全寂淨
生滅分別　全然了滅
圓音不染聲塵　聲色以外
觀世音

究竟寂滅　覺證現前
豁然間　超越世出世間
十方法界同圓明
上合諸佛本妙覺心
與諸佛如來同一慈力
下合眾生最深禮敬
與諸眾生同一悲仰
無上正覺

我乃觀世音往昔供養觀音佛
如來授我大悲如幻三摩地　一切現成
薰聞性習　聞性修鍊
金剛三昧如實圓證
彼佛教我觀世音

拾、幻化舞

覺悟星海
竟演成一齣大戲的宇宙
幻化的大悲舞步
與諸佛如來同一慈力
我回應你的心願
成了三十二種妙身

善入一切國土世界
做你的善友
我身映照如來的廣大慈悲
用你最深淨的心顯現
我將回應你所有的祈求
這正是你心中最深的感應

千化萬變　應入國土　就在你心
諸佛慈悲無執無作
妙力於是自在成就
你的心　我的心　如明鏡相照
摩尼寶珠相攝相悟
我是你心中最覺悟的慈悲
回應是你智慧的心

大悲施無畏　我是觀世音
以金剛三昧的無作妙力
與十方三世一切眾生
同生悲仰
當你深心憶念著我
十四無畏的廣大功德將覆護你身
身心微妙含容周遍法界
聞持我的名號　觀世音

十四無畏將匯聚你身
讓你超越一切苦難
具足無邊的福德
福起你　福起地球

你將在無邊世界中聽聞　觀世音的名號
永遠幸福、覺悟、安寧
由我觀聽十方圓明

在微妙聽聞中證悟
究竟至妙的聞性自心
超越聽聞眾相
所有見聞覺知已無所分隔
圓融清淨寶覺一切現成
這是我最深的秘密
無量的妙容是我的身
無比的妙聲是我的音

於是從一頭到無量頭　隨緣顯現吧
一切的智慧　將成爲你的覺悟
從二臂乃至八萬四千臂
每隻手都爲你而用
扶著你走向無上的菩提
二目、三目乃至八萬四千清淨寶目
慈、威、定、慧　開悟你心
每個眼睛都來自最深的大悲心聲

廣大自在救護你及所有的眾生

苔滑非雨　松鳴亦非風
萬境如如　不變隨緣去
如此超越一切音聲塵境
自在的現形　誦持無聲的妙音
無畏是佈施的一切
十方微塵國土　都稱我施無畏的人

周遊十方法界　證得佛智究竟
清淨心一念觀世音
究竟圓滿　法爾現成

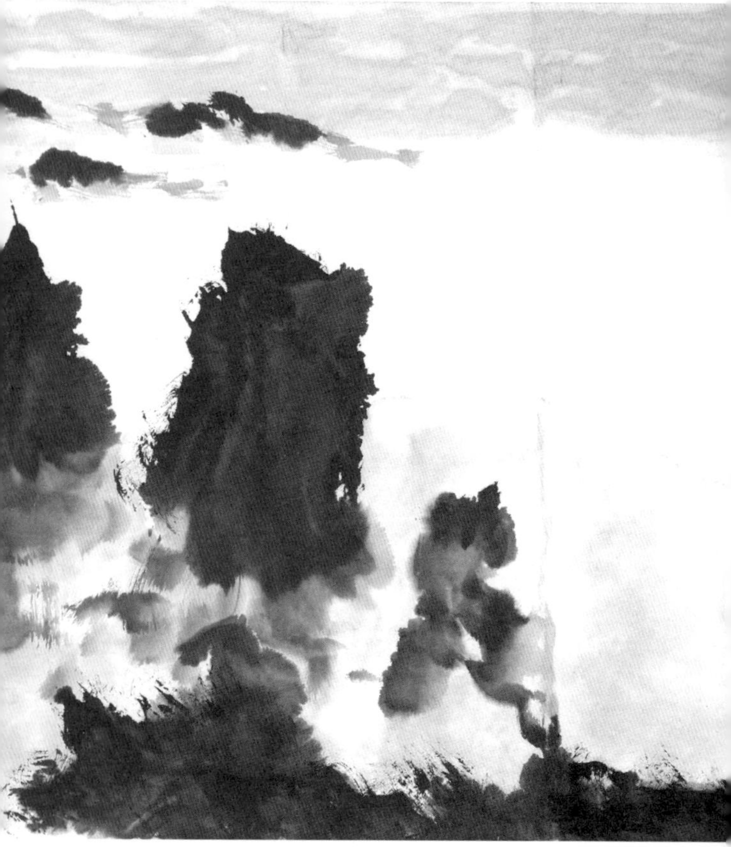

拾壹、念佛心

初心見佛　初心念佛
一念成佛　是心是佛
一念大家都成了佛

諸佛如來是法界身
遍入一切眾生心想之中

心念佛時
心已成了三十二相八十種好的如來
繫心一念　諦觀佛陀　是心作佛
當下這一念心　就是佛

隨我憶念　南無本師釋迦牟尼佛
南無阿彌陀佛
稽首十方三世一切佛

讓我們的心　共同相繫一念
憶念我那吉祥的名號
南無大慈大悲廣大圓滿
觀世音菩薩摩訶薩

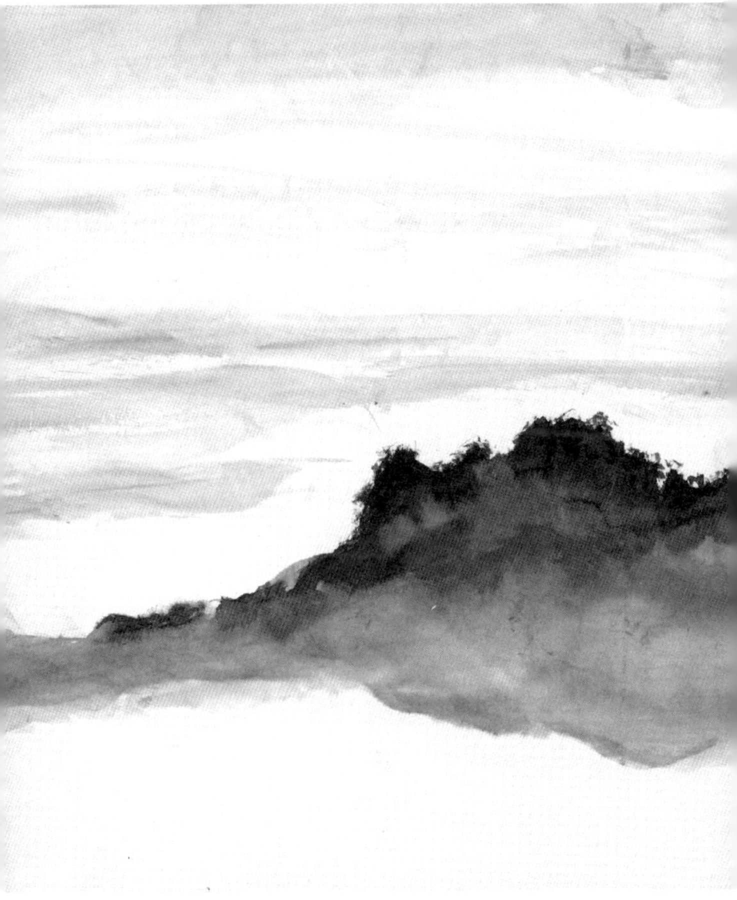

作者簡介

地球禪者洪啓嵩，為國際知名禪學暨禪畫大師。年幼深感生死無常，十歲起參學各派禪法，尋求生命昇華超越之道。二十歲開始教授禪定，海內外從學者無數。

其一生修持、講學、著述不綴，足跡遍佈全球。除應邀於台灣政府機關及大學、企業講學，並應邀至美國哈佛大學、麻省理工學院、俄亥俄大學，中國北京、人民、清華大學，上海師範大學、復旦大學等世界知名學府演講。並於印度菩提伽耶、美國佛教會、麻州佛教會、大同雲岡石窟等地，講學及主持禪七。

畢生致力以禪推展人類普遍之覺性運動，開啓覺性地球，2009與2010年分別獲舊金山市政府、不丹王國頒發榮譽狀，於2018年完成歷時十七年籌備的史上最大佛畫—世紀大佛（166公尺X72.5公尺），在藝術成就上，被譽為「二十一世紀的米開朗基羅」，在修證成就上，被譽為「當代空海」，為集禪學、藝術與著述為一身之大家。

歷年來在大小乘禪法、顯密教禪法、南傳北傳禪法、教下與宗門禪法、漢藏佛學禪法等均有深入與系統講授。著有《禪觀秘要》、《大悲如幻三昧》等〈高階禪觀系列〉及《現觀中脈實相成就》、《智慧成就拙火瑜伽》等〈密乘寶海系列〉，著述超過二百部。

虹彩光音07《觀世音・時空越》
作　　者　洪啓嵩
發 行 人　龔玲慧
執行編輯　彭婉甄、莊涵甄
美術設計　吳霈媜、張育甄
出　　版　全佛文化事業有限公司 www.buddhall.com
訂購專線：(02)2913-2199 傳真專線：(02)2913-3693
匯款帳號：3199717004240 合作金庫銀行大坪林分行
戶　　名：全佛文化事業有限公司
E-mail:buddhall@ms7.hinet.net
門　　市　心學堂 (02)2219-8189
新北市新店區民權路 108-3 號 10 樓
行銷代理　紅螞蟻圖書有限公司 (02)2795-3656
台北市內湖區舊宗路二段 121 巷 19 號

初版一刷　二〇一八年十二月
精裝定價　新台幣二五〇元
ISBN 978-986-96138-5-9（精裝）

ISBN 978-986-96138-5-9
NT$250

國家圖書館出版品預行編目(CIP)資料

觀世音・時空越 / 洪啓嵩作.
-- 初版. -- 新北市 :
全佛文化, 2018.12
面 ; 公分. -- (虹彩光音 ; 7)
ISBN 978-986-96138-5-9(精裝)

224.513 107022624